白あんでつくる

あんの花が咲く お菓子

福本美樹

日東書院

花が好きです。
だからわたしのケーキには、小さなカップ
ケーキから大きなデコレーションケーキま
で、いつもたくさんの花が咲いています。

「メイプリルさんのケーキ、花がとっても
素敵ですね」
ありがたいことに、そんなふうに言ってく
ださるお客さまが大勢いらっしゃいます。
「もったいなくて食べられない」とも。
目で味わって、それからゆっくり味を楽し
んでいただきたい……。
そんなケーキ作りを心がけて、これまで
やってきました。

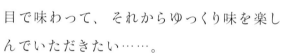

PROLOGUE

今回、この本で目指したのはスイーツで
の和と洋の融合。
花絞りの素材は、これまでのようなバター
クリームではなく、白あんです。
くせがない白あんは、バター、生クリーム、
クリームチーズ、チョコレート、フルーツ
などとも相性がよく、おかげで新感覚のス
イーツが誕生しました。
どのレシピも、見て楽しく、食べて美味し
いお菓子たちです。

季節を問わず楽しめるあんの花。
あなたもテーブルに咲かせてみませんか?

メイプリル主宰　福本美樹

CONTENTS

1

よくわかるあんの花絞り

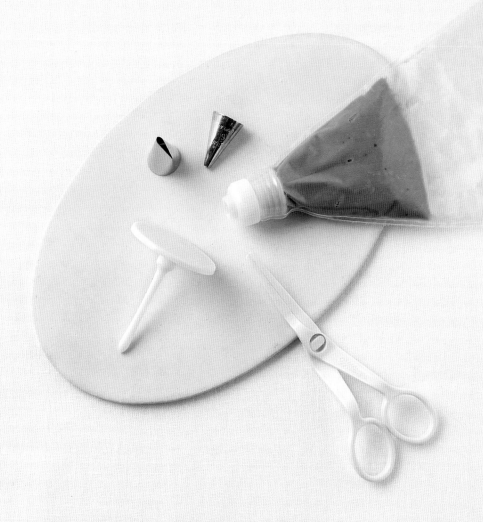

色とりどりに咲いた花は、
すべて白あんをベースにしたあんクリームでつくります。
味も口当たりも秀逸のあんの花。
上手に絞るコツを紹介しましょう。

あんクリームと天然素材パウダーで

お菓子に咲いたあんの花
懐かしいミルキーカラー
記憶に残るやさしい甘さ
見た目も味も絶品です

色とりどりのお花を咲かせましょう

あんの花を美味しくつくる

あんの花は、白あん＋クリームチーズに、カラーパウダーを混ぜています。

市販の白あんを使う

本書では、市販されている練り状の白あんを使います。商品によって、色の濃淡があるので確認しましょう。

白あんにクリームチーズを混ぜる

白あんだけでは固すぎて花絞りがうまくできません。本書では、市販の白あんにクリームチーズを混ぜたものを基本の「白あんクリーム」としています。

色つけはパウダーを使う

あんに色をつけるために、食材を乾燥させた市販のパウダーを使います。自然の色素を使っているので、体にやさしく安心です。

白あんクリームをつくりましょう

白あんの分量に対してクリームチーズを1割入れます。
これが「あんの花」に使う基本の白あんクリームになります。

基本

白あん100g ＋ クリームチーズ10g

よく混ぜて空気を含ませると、白さが出ます。

白あんとクリームチーズをボウルに入れる。

ヘラで練ってしっかり混ぜ合わせる。

Arrange　　　　　　　白あんにプラスするものは、無塩バターや生クリームもおすすめです。

白あん100g ＋ 無塩バター10g

白あんの分量に対して無塩バターを1割入れます。

世代を問わず根強い人気の「あんバター」味。

白あん100g ＋ 生クリーム10g

白あんにホイップした生クリームを1割入れます。

生クリームを多めにすると、より洋菓子に合う。

白あんクリームに色をつけましょう

色つけに使うカラーパウダーは、乾燥させた食材をパウダー状にした市販のものです。
白あんクリーム60gに小さじ½〜2の分量を使います。濃淡は好みで調節します。

白あんクリーム60g に対して カラーパウダー小さじ½〜2

| 白あんクリームにパウダー小さじ1を加える。 | ヘラで全体をよく混ぜる。 | パウダーがきれいになじむまで3〜5分置く。 | 硬さの調節は豆乳を小さじ½ずつ入れるとよい。 |

※バタフライピー、竹炭、ビーツは小さじ⅛〜¼など、ごく少量にすること。

あんの花16種に使う天然素材パウダー

あんの花16種の色は9つのパウダーでつくれます。すべて食材の色素です。
白あんクリームと合わせると、クリーミーな色合いに仕上がります。

ラズベリー　バタフライピー　紫芋　ストロベリー　ココア

竹炭　かぼちゃ　抹茶　ビーツ

あんの花をつくる口金は10種

あんの花絞りには、バラ、菊、丸、葉など10種の口金を使います。※コルネ（65ページ参照）も使用します。

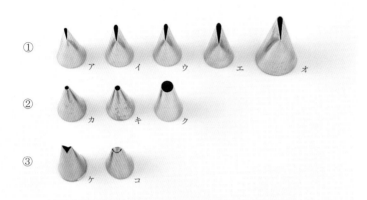

①／バラの口金
ア101　イ102　ウ103　エ104　オ124

②／丸口金
カ4　キ6　ク12

③／葉・菊の口金
ケ352　コ81

※wilton社の口金を使用

花絞りの準備をしましょう

絞り出し袋の準備を紹介します。口金だけを取り外して使えるカップラーがあると便利です。

①カップラー本体
②カップラーリング
③口金
④ハサミ
⑤絞り出し袋

カップラー本体を袋の先まで入れてネジ下の位置に軽く印をつける。

目安となる印がついたところをハサミで切る。

カップラー本体を袋に入れ、口金をつける。

口金を固定するカップラーリングをはめる。

カップラーリングを外せば口金を簡単に交換できる。

●大きいサイズの口金

大輪の花などに使う大きい口金は、絞り出し袋に直接入れる。

花絞りのための手順を覚えましょう

あんクリームの入れ方、絞り出し袋の持ち方などを確認しましょう。

クリームが入れやすいように袋を折り返して、手にかける。

袋の口を広げて、ヘラであんクリームを奥まで入れる。

袋の口を閉じるようにして、ヘラについたあんクリームを取る。

あんクリームが絞り出し袋に入ったところ。

カードを使ってあんクリームを絞り出し袋の先端に集める。

袋の口を茶巾のように絞って親指ではさんで持つ。

袋の口を親指に一度巻きつけておくと、固定されて絞りやすい。

絞る角度をイメージしましょう

花絞りは口金の角度もポイントです。工程写真を参考にしましょう。

口金を垂直に立てる。
例）花の中心（ツバキ・マム）

口金を45度にすると花びらに立体感が出る。
例）プルメリア・アジサイ
※バラ・ツバキの中心に近い花びらは45度で絞る

口金を30度にすると平たい花びらが絞りやすい。
例）アネモネ・サクラ
※バラ・ツバキの外側の花びらは30度で絞る

あんの花スチームケーキで花絞りレッスン

❀

スチームケーキの上にのせる「あんの花絞り」に使う材料と道具です。

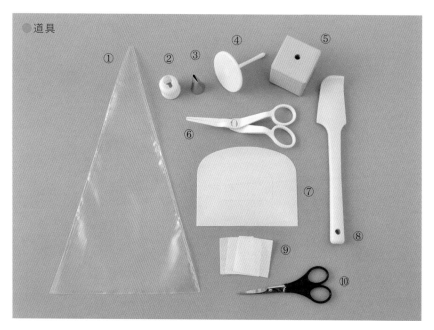

●道具

①絞り出し袋　②カップラー　③各種口金　④フラワーネイル　⑤フラワーネイル台
⑥フラワーリフター　⑦カード　⑧ヘラ　⑨クッキングペーパー（④にあわせて切る）
⑩ハサミ

●白あんクリーム

●カラーパウダー
※9ページ参照。

●台になるスチームケーキ

※つくり方は66ページ参照。

あんの花絞り　基本の10色

❀

基本の白あんクリームにカラーパウダーを加えたあんクリームです。

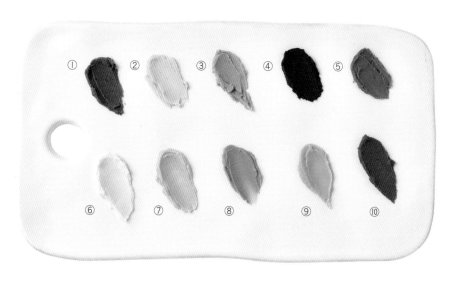

①ココア
②かぼちゃ
③バタフライピー
④竹炭
⑤抹茶
⑥白あんクリーム
⑦ラズベリー
⑧紫芋
⑨ストロベリー
⑩ビーツ

バラ

{ 美しい大輪と蕾のバラ。花びらを少しずつ重ねながら絞ります }

口金・材料

・口金
（花／104　葉／352・103）
・白あんクリーム
・ストロベリーパウダー
・抹茶パウダー

下準備

・白あんクリームをつくる。【8ページ参照】
・花のあんをつくる。
　【白あんクリーム60gにストロベリー小さじ1】
・葉のあんをつくる。
　【白あんクリーム60gに抹茶小さじ1】
・絞り出し袋を準備してカップラーをつける
　【10ページ参照】
・花のあんクリームを絞り出し袋に入れる。
　【11ページ参照】

あんのカラーチャート

 ストロベリー
小さじ1

 抹茶
小さじ1

バラのつくり方

①・②口金104でバラの芯を絞る。③～⑤「の」の字を描くように1枚目を絞る。⑥花びら2枚目。⑦・⑧花びら3枚目まで。⑨～⑬外側に花びら5枚目まで。⑭～⑱さらに外側に花びら7枚目まで。⑲・⑳花びらを7枚目まで絞ったら、フラワーリフターを使ってスチームケーキにのせる。バランスを見て花びらを増やす。

葉のつくり方

完成

①

②

③

④

①口金352で葉を絞る。口金のV字が横になるように口金をつける。②〜④葉の先端がピンとなるように、ひっぱりながら絞る。でき上がり。

バラ蕾のつくり方

完成

①

回す

②

③

④

⑤ ⑥

14ページのバラの①〜⑧までは同じ。外側になる5枚花びらは内側に被せるようなイメージで蕾に見立てる。3個つくる。葉は103で絞る（25ページ／A参照）。フラワーリフターで3個の蕾をケーキにのせ、葉をさし込む。でき上がり。

フラワーリフターの使い方

花絞りを移動するときに使うと便利です。形を崩すことなく、きれいに移すことができます。

①

②

③

④

①・②フラワーリフターを開いて花の下に当てはさんで持ち上げる。③・④花を平らに移動させて静かに置く。

アネモネ

{ 花びらの美しいグラデーションを出すコツを覚えましょう }

口金・材料

・口金（花／103　葉／352
　花芯／6・コルネ）
[ブルー]
・バタフライピーパウダー
[ピンク]
・ストロベリーパウダー
[ブルー、ピンク共通]
・白あんクリーム
・竹炭パウダー
・抹茶パウダー

下準備

・白あんクリームをつくる。【8ページ参照】
・花のあんをつくる。
　【白あんクリーム60gにバタフライピー小さじ1/8弱】
・花芯のあんをつくる。
　【白あんクリーム60gに竹炭小さじ1/8】
・葉のあんをつくる。
　【白あんクリーム60gに抹茶小さじ1】
・絞り出し袋を準備してカップラーをつける。
　【10ページ参照】
・コルネをつくり、花芯のあんを入れる。【65ページ参照】

あんのカラーチャート

 バタフライピー
小さじ1/8弱

 竹炭
小さじ1/8

 抹茶
小さじ1

 白あんクリーム

花びらを2色にする〈外側と内側〉

①ブルーの花のあんを絞り出し袋の中面片側に入れる。②白あんクリームを①に並ぶように入れる。③口金の細い方がブルーのあん側になるように、口金をつける。④試しに絞って色合いを調節する。

アネモネのつくり方

①口金103でハートを描くように花びら1枚目を絞る。②～④ひだをつけながら、花びら5枚を絞る。⑤～⑦その上に花びらを5枚重ねる。⑧花芯のあんを袋に入れ、口金6で花芯を絞る。⑨コルネで花芯の周囲に点々をつける。⑩アネモネのでき上がり。3個つくる。

完成

ブルー系

花はクッキングペーパーごと冷凍するとペーパーもはがれやすく便利（33ページ参照）。ケーキの表面に白あんクリームを塗る。花を飾って口金352で葉を絞る（15ページ参照）。

Arrange

ピンク系

白あんクリーム60gにストロベリー小さじ1
※その他はブルー系と共通

ストロベリー
小さじ1

プルメリア

{ 花を重ねたデコレーションはあんの花ならではの楽しさ }

口金・材料

・口金（花／103）
[ピンク]
・ストロベリーパウダー
[イエロー・ピンク共通]
・白あんクリーム
・かぼちゃパウダー

下準備

・白あんクリームをつくる。【8ページ参照】
・花のあんをつくる。
　【白あんクリーム60gにかぼちゃ小さじ2】
・絞り出し袋を準備してカップラーをつける。
　【10ページ参照】
・花のあんが2色に分かれるように絞り出し袋に
　入れる。【17ページ参照】

あんのカラーチャート

 かぼちゃ
小さじ2

 白あんクリーム

プルメリアのつくり方

重ねる

①下準備した2色が入った絞り出し袋を用意する。口金103の細い方が白あんクリーム側になるように、口金をつける。
②口金を45度に倒し、1枚目の花びらを立体的に絞る。③〜⑥2枚目からは花びら同士を少し重ねて立体感を出す。
花びら5枚目までバランスよく絞る。⑦プルメリアのでき上がり。20個ほどつくり、ペーパーごと冷凍しておく。

完成

ケーキの表面に白あんクリームを塗る。冷凍した花はペーパーをはがし、白あんクリームで接着して重ねる。

イエロー系

Arrange

白あんクリーム60gにストロベリー小さじ½
※その他はイエロー系と共通。

 ストロベリー
小さじ½

ピンク系

アジサイ

{ あんクリームの混色を工夫して花びらの濃淡をつけます }

口金・材料

・口金（花／103　葉／103
　花芯／コルネ）
[ブルー]
・バタフライピーパウダー
・紫芋パウダー
[ピンク]
・ラズベリーパウダー
[ブルー、ピンク共通]
・白あんクリーム
・抹茶パウダー

下準備

・白あんクリームをつくる。【8ページ参照】
・花のあんをつくる。
　【A：白あんクリーム60gにバタフライピー小さじ⅛
　　B：白あんクリーム60gに紫芋小さじ½】
・葉のあんをつくる。
　【白あんクリーム60gに抹茶小さじ1】
・絞り出し袋を準備してカップラーをつける。
　【10ページ参照】
・コルネをつくり、花のあんAを入れる。
　【65ページ参照】

あんのカラーチャート

 バタフライピー
小さじ⅛

 紫芋
小さじ½

 抹茶
小さじ1

花びらを2色にする〈全体にグラデーション〉

①

②

①花のあんBで絞り出し袋の中面全体をこするようにして、色つけをする。②花のあんAを①の袋に入れる。

アジサイのつくり方

①

②
折る

③
回す

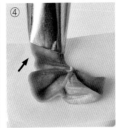
④

⑤

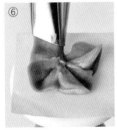
⑥

⑦

⑧

⑨

①・②口金103で花びら1枚目を絞る。正方形に近い形になるようにし、折り返して出発点に戻る。③〜⑦フラワーネイルを回しながら、花びら4枚をバランスよく絞る。⑧コルネで花芯を絞る。⑨アジサイのでき上がり。20個ほどつくり、ペーパーごと冷凍しておく。

完成

ブルー系

ケーキの表面に白あんクリームを塗る。冷凍した花はペーパーをはがし、白あんクリームで接着して重ねる。葉は口金103で絞る（25ページ参照）。

Arrange

ピンク系

白あんクリーム60gにラズベリー小さじ2

白あんクリーム60gにラズベリー小さじ1

※その他はブルー系と共通

ラズベリー
小さじ2

ラズベリー
小さじ1

サクラ

{ 花芯の繊細なディテールがやさしい表情を生み出します }

口金・材料	下準備	あんのカラーチャート

口金・材料

・口金
　（花／102　葉／352
　花芯／コルネ）
・白あんクリーム
・ストロベリーパウダー
・かぼちゃパウダー
・抹茶パウダー

下準備

・白あんクリームをつくる。【8ページ参照】
・花のあんをつくる。
　【A：白あんクリーム60gにストロベリー小さじ2
　　B：白あんクリーム60gにストロベリー小さじ½】
・花芯のあんをつくる。
　【白あんクリーム60gにかぼちゃ小さじ2】
・葉のあんをつくる。
　【白あんクリーム60gに抹茶小さじ½】
・絞り出し袋を準備してカップラーをつける。【10ページ参照】
・コルネをつくり、花芯のあんを入れる。【65ページ参照】

あんのカラーチャート

 ストロベリー
小さじ2

 ストロベリー
小さじ½

 かぼちゃ
小さじ2

 抹茶
小さじ½

サクラのつくり方

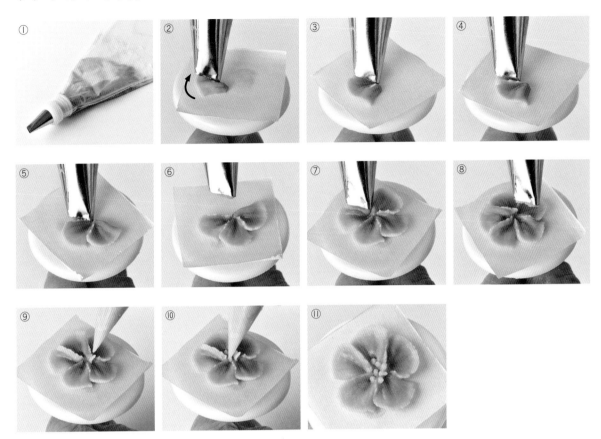

①下準備した花のあん2色を入れた絞り出し袋を用意する（17ページ参照）。口金102の細い方が淡い色になるように、口金をつける。②・③花びら1枚目を絞る。口金を30度に倒し、平たい花びらを絞る。④〜⑥花びら3枚目まで絞る。⑦・⑧花びら5枚の完成。⑨・⑩コルネで花芯を絞る。長さに変化をつける。⑪サクラのでき上がり。20個ほどつくり、ペーパーごと冷凍しておく。

完成

ケーキの表面に白あんクリームを塗る。冷凍した花はペーパーをはがし、白あんクリームで接着して重ねる。葉は口金352で絞る（15ページ参照）。

イチゴの花

{ シンプルなデコレーションで花の愛らしさが引き立ちます }

口金・材料

・口金（花／6　葉／103
　花芯／6・コルネ）
・白あんクリーム
・かぼちゃパウダー
・抹茶パウダー
・ピスタチオ
・フリーズドライストロベリー

下準備

・白あんクリームをつくる。
　【8ページ参照】
・花芯のあんをつくる。
　【白あんクリーム60gにかぼちゃ小さじ2】
・葉のあんをつくる。
　【白あんクリーム60gに抹茶小さじ1】
・絞り出し袋を準備してカップラーをつける。
　【10ページ参照】
・コルネをつくり、花芯のあんを入れる。
　【65ページ参照】

あんのカラーチャート

 白あんクリーム

 かぼちゃ
小さじ2

 抹茶
小さじ1

24

イチゴの花のつくり方

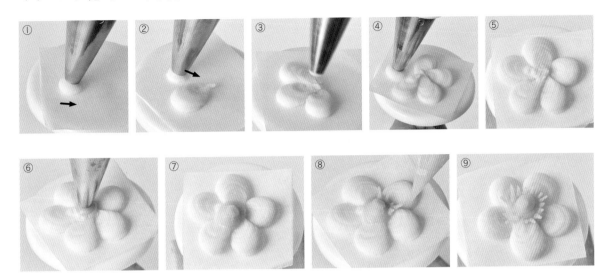

①白あんクリームを絞り出し袋に入れ、口金6でしずく型の花びら1枚目を絞る。②〜⑤花びら5枚を絞る。⑥・⑦同じ口金で花芯の真ん中を絞る。⑧コルネで花芯を絞る。長さに変化をつける。⑨イチゴの花のでき上がり。2個つくる。

葉のつくり方［Aツルツルの葉　Bギザギザの葉］

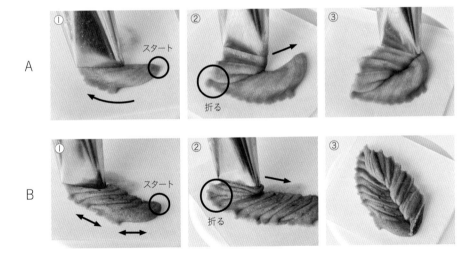

①A／口金を動かさずにそのまま絞る。B／葉脈が出るように口金を前後に動かしながら絞る。②葉A・Bともに先端で重ねるように折り返して絞る。③葉A・Bのでき上がり。

完成

ケーキの表面に白あんクリームを塗る。花と葉をバランスよく飾る。ピスタチオとフリーズドライストロベリーも飾る。

ツバキ

{ 濃いあんの色を白あんクリームで薄めて3色つくります }

口金・材料

・口金
（花／12・103 葉／103 花芯／4）
・ビーツパウダー
・抹茶パウダー
・かぼちゃパウダー
・白あんクリーム

下準備

・白あんクリームをつくる。
【8ページ参照】
・花のあんをつくる。
【白あんクリーム60gにビーツ小さじ1/4】
・葉のあんをつくる。
【白あんクリーム60gに抹茶小さじ1】
・花芯のあんをつくる。
【白あんクリーム60gにかぼちゃ小さじ2】
・絞り出し袋を準備してカップラーをつける。
【10ページ参照】

あんのカラーチャート

 ビーツ
小さじ1/4

 かぼちゃ
小さじ2

 抹茶
小さじ1

ツバキのつくり方

①・②花のあんを絞り出し袋に入れ、口金12で花の中心を絞る。③〜⑤花芯のあんを絞り出し袋に入れ、口金4でクリームを上にひっぱるようにして、シベをつくる。⑥花のあんの絞り出し袋に口金103をつけ、1枚目の花びらを絞る。⑦・⑧続けて2枚目の花びらを絞る。⑨シベを包むように3枚の花びらで囲む。⑩口金の細い方を少し外側に向け、5枚の花びらを絞る。まず1枚目。⑪〜⑬花びらを立ち上げるように絞る。5枚の花びらが完成。⑭ツバキの完成。

完成

花のあんに白あんクリームを混ぜて、徐々に色を薄くした2色のツバキをつくる。ケーキの表面に白あんクリームを塗る。3個のツバキと葉（25ページ参照）をバランスよく飾る。

Arrange

マーガレット

{ 平らな12枚の花びらを均等に絞るコツを覚えましょう }

口金・材料

- 口金
（花／103　葉／352　花芯／コルネ）
- 白あんクリーム
- かぼちゃパウダー
- 抹茶パウダー

下準備

- 白あんクリームをつくる。
【8ページ参照】
- 花芯のあんをつくる。
【白あんクリーム60gにかぼちゃ小さじ2】
- 葉のあんをつくる。
【白あんクリーム60gに抹茶小さじ1】
- 絞り出し袋を準備してカップラーをつける。
【10ページ参照】
- コルネをつくり、花芯のあんを入れる。
【65ページ参照】

あんのカラーチャート

 白あんクリーム

 かぼちゃ
小さじ2

 抹茶
小さじ1

マーガレットのつくり方

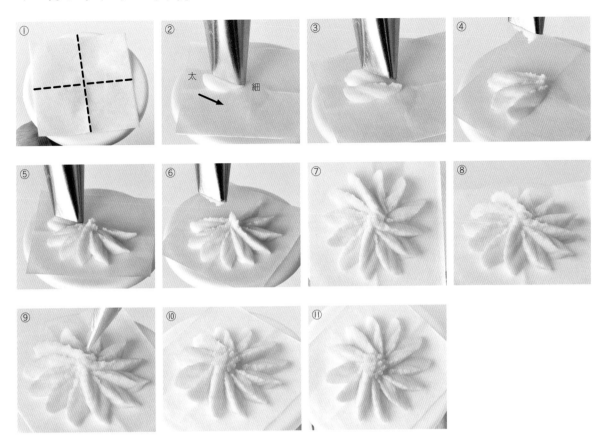

①クッキングペーパーを4つ折りにしてフラワーネイルにのせる。②白あんクリームを絞り出し袋に入れ、口金103で花びら1枚目を絞る。口金を45度に倒し、外側から中心に向かって引くようにする。③・④同様にして、クッキングペーパーの¼に花びら3枚を絞る。⑤・⑥ペーパーの折り目をガイドにして、1マス（ペーパーの¼）に3枚の花びらを絞るとよい。⑦・⑧全部で12枚の花びらを絞る。⑨コルネで花芯をつくる。小さい点で埋めていく。⑩・⑪マーガレットの完成。8個ほどつくり、ペーパーごと冷凍しておく。

完成

ケーキの表面に白あんクリームを塗る。冷凍した花はペーパーをはがし、白あんクリームで接着して重ねる。葉は口金352で絞る（15ページ参照）。

パンジー

{ 2色の花びらを重ねた愛らしい形を鮮やかに絞ります }

口金・材料

・口金
（花／103　葉／352　花芯／コルネ）
[イエロー]
・かぼちゃパウダー
[イエロー、パープル共通]
・白あんクリーム
・紫芋パウダー
・抹茶パウダー

下準備

・白あんクリームをつくる。【8ページ参照】
・花のあんをつくる。
　【A：白あんクリーム60gに紫芋小さじ1
　　B：白あんクリーム60gにかぼちゃ小さじ2】
・葉のあんをつくる。
　【白あんクリーム60gに抹茶小さじ½】
・コルネをつくり、花芯のあんを入れる。
　【花のあんBと同じ・65ページ参照】
・絞り出し袋を準備してカップラーをつける。
　【10ページ参照】

あんのカラーチャート

 紫芋
小さじ1

 かぼちゃ
小さじ2

 抹茶
小さじ½

パンジーのつくり方

①～④花のあんAを袋に入れ、口金103をつける。クッキングペーパーの半分に少しひだをつけながら、大きい花びらを1枚絞る。⑤花のあんAとBを並ぶように入れる（17ページ参照）。口金の細い方に黄色がくるようにする。⑥クッキングペーパーの1/4に、紫の花びらに重ねるように黄色の花びらを絞る。⑦・⑧同様にもう1枚。⑨～⑪紫の花びらと対象になるように、クッキングペーパーの半分に黄色の花びらを絞る。⑫Bのあんを入れたコルネで花芯を絞る。⑬パンジーのでき上がり。8個ほどつくり、ペーパーごと冷凍しておく。

完成

イエロー系

ケーキの表面に白あんクリームを塗る。冷凍した花はペーパーをはがし、白あんクリームで接着して重ねる。葉は口金352で絞る（15ページ参照）。

Arrange

パープル系

白あんクリーム60gに紫芋小さじ1/4
※その他はイエロー系と共通

紫芋
小さじ1/4

ヒマワリ

{ 花びらを3段に重ねてボリューム感と華やかさを出します }

口金・材料

・口金
（花／102　花芯／コルネ）
・白あんクリーム
・かぼちゃパウダー
・ココアパウダー

下準備

・白あんクリームをつくる。【8ページ参照】
・花のあんをつくる。
　【白あんクリーム60gにかぼちゃ小さじ2】
・種のあんをつくる。
　【白あんクリーム60gにココア小さじ1】
・コルネを2つつくる。1つは種のあんを、もう
　1つは花のあんを入れる。【65ページ参照】
・絞り出し袋を準備してカップラーをつける。
　【10ページ参照】

あんのカラーチャート

 かぼちゃ
小さじ2

 ココア
小さじ1

ヒマワリのつくり方

①・②花のあんを袋に入れ、口金102をつけて花の土台を絞る。③〜⑤土台の上に花びらの先を尖らせるように絞る。⑥・⑦その上に2段目の花びらを重ねる。⑧・⑨その上に3段目の花びらを重ねる。⑩〜⑪続けて、中央を花のあんで埋める。コルネ（種のあん）で種を絞る。⑫さらにコルネ（花のあん）で花芯を絞る。⑬ヒマワリのでき上がり。ペーパーごと冷凍しておく（または、スチームケーキの上に直接絞ってもよい）。

完成

ケーキの表面に白あんクリームを塗る。冷凍した花はペーパーをはがし、ケーキの上にそのまま飾る。

ライラック

{ グラデーションと細密な絞りはあんクリームの得意技 }

口金・材料

・口金（花／81）
・白あんクリーム
・紫芋パウダー

下準備

・白あんクリームをつくる。【8ページ参照】
・花のあんをつくる。
　【A：白あんクリーム60gに紫芋小さじ1
　　B：白あんクリーム】
・絞り出し袋を準備してカップラーをつける。
　【10ページ参照】

あんのカラーチャート

 紫芋
小さじ1

 白あんクリーム

ライラックのつくり方

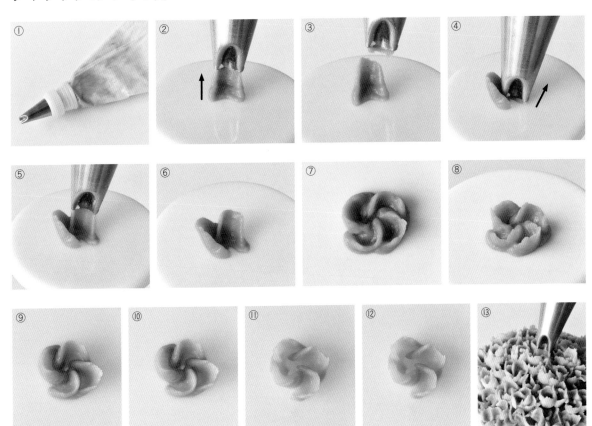

①下準備した花のあん2色を絞り出し袋に入れる。Aのあんを口金に近い方に、Bのあんはその上に重なるようにする。②・③口金81を45度くらいに傾け、斜め上に向かって花びら1枚目を絞る。④〜⑥フラワーネイルを90度回転させ、1枚目の花びらの中心から2枚目を絞る。⑦・⑧さらに90度ずつフラワーネイルを回転させながら、同様に3枚目、4枚目と絞る。⑨〜⑫白あんクリームが多くなると、花びらの色がグラデーションで薄くなる。⑬ライラックのでき上がり。

完成

ケーキの表面には、はじめに白あんクリームを塗っておく。中央から外側に向けてランダムに花びらを絞っていく。

スカビオサ

{ 立体的な花びらのフォルムは口金の動きがポイントです }

口金・材料

・口金（花／124・81
　花芯／コルネ）
・白あんクリーム
・バタフライピーパウダー
・紫芋パウダー
・抹茶パウダー

下準備

・白あんクリームをつくる。【8ページ参照】
・花のあんをつくる。
　【A：白あんクリーム60gにバタフライピー小さじ1/8弱
　　B：白あんクリーム60gに紫芋小さじ1/2】
・花芯のあんをつくる。
　【白あんクリーム60gに抹茶小さじ1/2】
・口金が大きいタイプの絞り出し袋を準備する。
　【10ページ参照】
・コルネをつくり、花芯のあんを入れる。【65ページ参照】

あんのカラーチャート

 バタフライピー
小さじ1/8弱

 紫芋
小さじ1/2

 抹茶
小さじ1/2

スカビオサのつくり方

①口金124をつけた絞り出し袋に、花のあん2色を並べて入れる（17ページ参照）。口金の細い方に紫がくるようにする。
②・③口金を前後に小刻みに動かして、ひだを入れながら1枚ずつ花びらを絞る。④・⑤花びら7〜8枚で1段目をつくる。⑥〜⑧続けて1段目の上に花びらを重ねて2段目をつくる。⑨中心が空いたらそのままクリームで埋める。⑩・⑪土台⑨が隠れるように花びらを重ねて2段目より少し小さめに3段目の花びらを絞る。⑫口金81で花芯を丸く囲むように絞る（35ページ②と同じ）。⑬・⑭コルネの点々で花芯を絞る。続けてふちに沿って長い花芯を絞る。⑮スカビオサのでき上がり。ペーパーごと冷凍しておく（または、スチームケーキの上に直接絞ってもよい）。

完成

ケーキの表面に白あんクリームを塗る。冷凍した花はペーパーをはがし、ケーキの上にそのまま飾る。

ポインセチア

{ 大きい口金を使って花びらをダイナミックに絞りましょう }

口金・材料

・口金（花／124　葉／352
　花芯／コルネ）
[赤]
・ビーツパウダー
・かぼちゃパウダー
[赤、白共通]
・白あんクリーム
・抹茶パウダー

下準備

・白あんクリームをつくる。【8ページ参照】
・花のあんをつくる。
　【白あんクリーム60gにビーツ小さじ½】
・花芯のあんをつくる。
　【白あんクリーム60gにかぼちゃ小さじ2】
・葉のあんをつくる。
　【白あんクリーム60gに抹茶小さじ1】
・口金が大きいタイプの絞り出し袋を準備する。
　【10ページ参照】
・コルネをつくり、花芯のあんを入れる。【65ページ参照】

あんのカラーチャート

 ビーツ
小さじ½

 かぼちゃ
小さじ2

 抹茶
小さじ1

ポインセチアのつくり方

①〜③口金124をつけた絞り出し袋に花のあんを入れる。中心から外側に向かってクリームを絞り、花びらの先端で折り返して中心に戻るようにして花びら1枚目を絞る。④・⑤続けて花びら5枚を絞る。⑥〜⑧1段目に重なるようにして、2段目も同様に5枚絞る。⑨・⑩続けて3段目の花びらは少し小さめに5枚絞る。⑪コルネの点々で花芯を絞る（37ページ参照）。⑫その外側に長い花芯を絞る。ポインセチアのでき上がり。ペーパーごと冷凍しておく（または、スチームケーキの上に直接絞ってもよい）。

完成

ケーキの表面に白あんクリームを少し塗る。冷凍した花はペーパーをはがし、ケーキの上にそのまま飾る。葉は口金352で絞る（15ページ参照）。

赤系

Arrange

白系

白あんクリーム60gに
抹茶小さじ⅛
※葉のあんは赤系と同じ。

 白あんクリーム

 抹茶
小さじ⅛

マム

{ あんクリームで絞る菊は工芸品のような完成度 }

口金・材料

・口金
（花／81　葉／352　中心／12）
・白あんクリーム
・かぼちゃパウダー
・抹茶パウダー

下準備

・白あんクリームをつくる。
　【8ページ参照】
・花のあんをつくる。
　【白あんクリーム60gにかぼちゃ小さじ2】
・葉のあんをつくる。
　【白あんクリーム60gに抹茶小さじ1】
・絞り出し袋を準備してカップラーをつける。
　【10ページ参照】

あんのカラーチャート

 かぼちゃ
小さじ2

 白あんクリーム

 抹茶
小さじ1

マムのつくり方

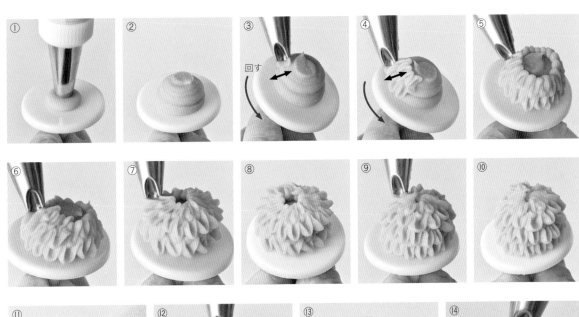

   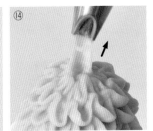

①・②花のあんを絞り出し袋に入れ、口金12で中心を絞る。③〜⑤芯に口金81を垂直に当て、上下に動かして絞る。フラワーネイルを回しながら1周する。⑥〜⑩できた花びらに重ねながら2〜3段目まで絞る。⑪黄色を他で絞り出してから、袋に白あんクリームを足す。⑫・⑬4段目は徐々に薄い色になる。⑭・⑮口金を立てて頂点を絞る（35ページ参照）。⑯マムのでき上がり。

完成

花の段数を調節して大小のマム、薄緑と白のマム2個をつくる。ケーキの表面に白あんクリームを塗る。葉は口金352で絞る（15ページ参照）。

Arrange

うす緑×白

白×うす緑

 白あんクリーム

 抹茶
小さじ1/8

多肉植物 I

{ カラーパウダーを混ぜることで独特な色が生まれます }

口金・材料

・口金
（植物／4・352・6）
・白あんクリーム
・バタフライピーパウダー
・抹茶パウダー
・紫芋パウダー

下準備

・白あんクリームをつくる。
【8ページ参照】
・多肉植物のあんをつくる。
【A：白あんクリーム60gに抹茶小さじ1
　B：白あんクリーム60gに抹茶小さじ1/8弱
　＋バタフライピー小さじ1/8弱
　C：白あんクリーム60gに紫芋小さじ1/2】
・絞り出し袋を準備してカップラーをつける。
【10ページ参照】

あんのカラーチャート

 抹茶
小さじ1

 抹茶 小さじ1/8弱＋
バタフライピー 小さじ1/8弱

 白あんクリーム

 紫芋
小さじ1/2

ミニサボテンのつくり方

①・②多肉植物のあんAを絞り出し袋に入れ、口金4でミニサボテンの中心を絞る。③～⑤放射状に葉を絞る。⑥・⑦中心が隠れるまで葉を絞る。⑧ミニサボテンのでき上がり。

尖ったエケベリアのつくり方

①袋の内側に多肉植物のあんCをこすりつけてからBを入れる。口金6で中心を絞る。②・③中心に口金352で葉を絞る。④同様にして放射状に絞る。⑤～⑦続けて中心が隠れるまで葉を絞る。⑧尖ったエケベリアのでき上がり。

完成

ミニサボテン、尖ったエケベリア2個、丸いエケベリアを組み合わせて飾る。
※丸いエケベリアのつくり方は46ページ参照。

多肉植物 II

{ 個性豊かな植物の形をあんクリームが再現します }

口金・材料

・口金
（植物／101・102・6・12
模様／コルネ）
・白あんクリーム
・バタフライピーパウダー
・抹茶パウダー

下準備

・白あんクリームをつくる。【8ページ参照】
・多肉植物のあんをつくる。
　【A：白あんクリーム60gに抹茶小さじ1
　　B：白あんクリーム60gにバタフライピー小さじ1/8弱
　　C：白あんクリーム60gに抹茶小さじ1/8弱＋
　　　　バタフライピー小さじ1/8弱】
・絞り出し袋を準備してカップラーをつける。
　【10ページ参照】
・コルネをつくり、白あんクリームを入れる。
　【65ページ参照】

あんのカラーチャート

 抹茶
小さじ1

 バタフライピー
小さじ1/8弱

 抹茶 小さじ1/8弱＋
バタフライピー 小さじ1/8弱

 白あんクリーム

サボテンのつくり方

①・②多肉植物のあんＡを絞り出し袋に入れ、口金12で中心を絞る。③〜⑤口金101で中心の上から下に向かってひだを絞る。下が少し太くなるようにする。⑥中心を4分割するように、ひだを絞る。⑦・⑧4本のひだの間に2〜3本のひだを絞って、サボテンの側面を完成させる。⑨コルネでドット模様を絞る。⑩サボテンのでき上がり。

青いエケベリアのつくり方

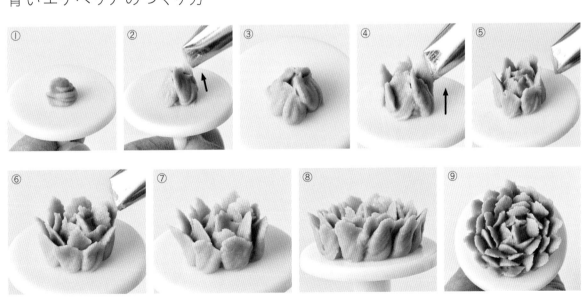

①多肉植物のあんＢを絞り出し袋に入れ、口金102で中心を絞る。②・③中心を包むように5枚の葉を絞る。口金を下から上に持ち上げるようにする。④・⑤続けて6枚の葉を絞る。⑥続けて8枚の葉を絞る。⑦〜⑨好みの大きさになるまで葉を増やして絞る。青いエケベリアのでき上がり。

丸いエケベリアのつくり方

①・②多肉植物のあんCを白あんクリームでさらに色を薄める（袋の内側に42ページ多肉植物ⅠあんCを少量こすりつけてもよい）。絞り出し袋に入れ、口金6で中心を絞る。③～⑥続けて周囲に葉を絞る。⑦～⑪同様にして中心が見えなくなるように葉を絞る。⑫・⑬丸いエケベリアのでき上がり。

完成

大小のサボテン、青いエケベリア、
丸いエケベリアを組み合わせて、
白あんクリームで接着して飾る。

2

あんの花が咲くお菓子

いつものお菓子やおやつの上に、
控えめな甘さがうれしいあんの花が咲きました。
やさしい色味はどんな器にも映え、
テーブルを楽しく彩ります。

アジサイパフェ

細長いガラスの器のなか、
冷たいアイスクリームの上に咲きました。
溶けないうちに召し上がれ。

つくり方 | 68ページ
使用した花 | 20〜21・25ページ

バラのあんみつ

白玉と寒天に囲まれて見事な大輪。

つくり方｜69ページ
使用した花｜13〜15・25ページ

アネモネぜんざい

淡い色でお餅の上に咲きました。

つくり方｜69ページ
使用した花｜16〜17ページ

あんの花おはぎ

いつもの小豆あんにはお休みいただき、
白あんチームがもち米の上で
色とりどりに咲きました。
あんの味もそれぞれ楽しめます。

つくり方 | 70ページ
使用した花 | 13〜15・34〜35・40〜41ページ

マーガレット抹茶ラテ

ふんわりやさしく泡立てた抹茶の草原に咲きました。
ティータイムのおしゃべりが弾みそうです。

つくり方｜71ページ
使用した花｜28〜29ページ

プルメリアの花氷

雪のようなかき氷のお山に、
南国の花が咲きました。
爽やかなレモンシロップと
甘いあんがマッチします。

つくり方 | 71ページ
使用した花 | 18〜19ページ

パンジーだんご

串だんごに仲よく並んで咲きました。

つくり方 | 72ページ
使用した花 | 30〜31ページ

満開サクラもち

包むのが惜しいくらいの花日和。

つくり方 | 73ページ
使用した花 | 22〜23・25ページ

あんボーロ

画家が描く絵のように
咲きました。

つくり方｜74ページ
使用した花｜13〜15・22〜23
｜28〜29・30〜31ページ

多肉植物モナカ小鉢

食べて美味しく飾って楽しい鉢植えです。

つくり方｜72ページ
使用した花｜42〜46ページ

花てまりケーキ

伝統的なてまりを模した丸いケーキに咲きました。
ピンクの華やかなグラデーションが圧巻です。

つくり方 | 77ページ
使用した花 | 20〜21・22〜23・34〜35ページ

イチゴ畑のショートケーキ

イチゴの妖精が隠れていそうなケーキの上に咲きました。
使っているのはすべて白いあんクリームです。

つくり方 | 76ページ
使用した花 | 24〜25ページ

あんの花スチームケーキ

軽い口どけの蒸したケーキの上に咲きました。
工芸品のような仕上がりは、上品な手みやげにぴったりです。

つくり方｜66ページ
使用した花｜13〜15・25・26〜27・32〜33・36〜37・38〜39・40〜41ページ

モノクロームロール

色味を抑えた大人のロールケーキに咲きました。
米粉のケーキに垂らしたキャラメルソースと
あんの甘さがよく合います。

つくり方｜78ページ
使用した花｜13〜15・16〜17・25ページ

聖夜のリングケーキ

クリスマスの食卓を飾るココアケーキの上に咲きました。
ポインセチアと柊の葉の色彩が鮮やかです。

つくり方｜79ページ
使用した花｜25・38〜39ページ

花咲く生チョコ

2色の生チョコの上に咲きました。ボックスを開ければ
コントラストの美しさに歓声が上がります。

つくり方 | 75ページ
使用した花 | 25・36〜37ページ

3

あんの花が咲くお菓子レシピ

2章で紹介したお菓子のつくり方です。
口金のサイズや混ぜるパウダーを替えるだけで、
あんの花のバリエーションが広がります。

「あんの花」に使う白あんクリームの特長

❀

「白あん」と「クリームチーズ」を混ぜてつくる「白あんクリーム」。
お菓子のフラワーデコレーションにとても適しています。

その理由は？

● バタークリームと比べて、温度に左右されにくい。

● 絞り出し袋を握る手の熱で溶けにくいので、初心者が挑戦しやすい。

● 冷凍保存しても味が変わりにくい。

● 室温での保管がある程度可能なので、持ち運びがしやすく、プレゼントにも最適。

● きれいな発色で、繊細な絞りを再現できる。

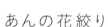

あんの花絞り

checkpoint

立体的な花
（例：バラ・ツバキ・マムなど）

フラワーネイルの上で絞り、それをフラワーリフターでお菓子に移動させる。

平面的な花
（例：ヒマワリ・マーガレットなど）

クッキングペーパーの上で絞って、一度冷凍させてから飾ると扱いやすい。

葉を絞るとき

葉の口金352で直接絞るか、バラの口金（101〜124）でクッキングペーパーの上に絞っておいたものを使う。

あんクリームの固さを確認

花絞りをしたときに、ふちがギザギザしたらクリームが固めという合図。豆乳を少量入れて、固さを調整する。

小花が集まる花

小花は冷凍したものを重ねて飾るのが便利。白あんクリームでかんたんに接着できる。

デコレーションケーキにもマッチする味

「白あん」でつくる「あん生ホイップ」は、ホールケーキなどにおすすめです。生クリームの分量を多めにしているので、洋菓子にもよく合います。本書では、「イチゴ畑のショートケーキ」「モノクロームロール」などで使用しています。

57ページ　　　　　　　60ページ

コルネのつくり方　　花芯や模様など、細かい絞りで活躍するコルネをつくりましょう。

①oppシートを準備します。②〜④円錐状に丸めて、端をテープで止めます。⑤〜⑦あんクリームを中に入れて、上部をたたんでテープで止めます。⑧ハサミで先端を切り落とします。⑨でき上がり。

あんの花スチームケーキ　5個分

掲載│58〜59ページ

基本のスチームケーキ

✿ 材料
薄力粉…100g　※米粉でもよい
ベーキングパウダー…小さじ1
砂糖…50g
豆乳…80cc
サラダオイル…大さじ2（25g）
卵…大1個（55g）
プリン型／直径7cm…5個

〈あんの花〉
バラ（13〜15ページ ）
パンジー（パープル系・30〜31ページ）
ライラック（34〜35ページ）
スカビオサ（36〜37ページ）
ポインセチア（赤系・38〜39ページ）

✿ 準備
薄力粉とベーキングパウダーを合わせてふるっておく。

✿ つくり方
① 卵をボウルに割り入れ、よく溶いてから砂糖を加えて泡立て器で混ぜ合わせる。
② ①にサラダオイルを加えて混ぜる。
③ ②に豆乳を加えて混ぜる。
④ 準備でふるっておいた粉を③に一気に入れる。泡立て器で、粉が見えなくなるまで混ぜる。
⑤ グラシンカップを敷いたプリン型を用意する。④を型の8分目まで流し入れる。
⑥ 湯気が立った蒸し器で⑤を強火で15分蒸す。
⑦ 網の上で冷ましてでき上がり。
⑧ あんの花をそれぞれつくり、ケーキの上にのせる。

ニンジンのスチームケーキ

❀ 材料
ニンジンジュース…90cc
薄力粉…80g
他は基本のスチームケーキと同じ

〈あんの花〉
プルメリア（イエロー系・18〜19ページ）
アジサイ（ピンク系・20〜21ページ）
マーガレット（28〜29ページ）
パンジー（イエロー系・30〜31ページ）

❀ つくり方
ニンジンジュースは基本の③で、豆乳の
代わりに入れる。

トマトのスチームケーキ

❀ 材料
トマトジュース…100cc
薄力粉…80g
他は基本のスチームケーキと同じ

〈あんの花〉
プルメリア（ピンク系・18〜19ページ）
イチゴの花（24〜25ページ）
マム（40〜41ページ）

❀ つくり方
トマトジュースは基本の③で、豆乳の代わ
りに入れる。

コーヒーのスチームケーキ

❀ 材料
インスタントコーヒー…大さじ1.5
水…80cc
他は基本のスチームケーキと同じ

〈あんの花〉
アネモネ（16〜17ページ）
ポインセチア（白系・38〜39ページ）
多肉植物Ⅰ（42〜43ページ）
多肉植物Ⅱ（44〜46ページ）

❀ つくり方
基本の③で水80ccにインスタントコーヒー
大さじ1.5を溶いて、豆乳の代わりに入れる。

抹茶のスチームケーキ

❀ 材料
抹茶…小さじ1
他は基本のスチームケーキと同じ

〈あんの花〉
アジサイ（ブルー系・20〜21ページ）
サクラ（22〜23ページ）
ツバキ（26〜27ページ）
ヒマワリ（32〜33ページ）

❀ 準備
薄力粉・ベーキングパウダーと一緒に、抹
茶小さじ1も合わせて一緒にふるう。

アジサイパフェ 1人分

掲載｜48ページ

❀ 材料
コーンフレーク…大さじ2
マシュマロ…大さじ1
バニラアイスクリーム…デッシャー3個分
市販のクッキー、ウェハースなど…2枚

〈あんの花〉
アジサイ（20〜21ページ）
葉／B（25ページ）

❀ つくり方
① パフェの器にコーンフレークとマシュ
　マロを入れる。
② バニラアイスクリームをデッシャー3個
　分、①の上にのせる。
③ ②のうちの1個に、あらかじめ絞って冷
　凍しておいたアジサイ（20〜21ページ）
　をアイスに沿うようにのせていく。
④ バランスを見て葉を差し込み、市販の
　クッキーやウェハースなどを飾る。

バラのあんみつ　2人分

掲載｜49ページ

✿ 材料

寒天
　粉寒天…2g
　水…300mℓ
　砂糖…10g

白玉
　白玉粉…30g
　水…大さじ2

黒蜜、マカロン、
アイスクリーム、
果物の缶詰など

〈あんの花〉
バラ（13〜15ページ）
葉／A（25ページ）

✿ つくり方

① 寒天をつくる。水と粉寒天と砂糖を鍋に入れて火にかけ、泡立て器でかき混ぜながら、沸騰後にさらに1〜2分煮る。
② ①をバットなどに入れて冷蔵庫で固める。固まったら2cm角に切る。
③ 白玉をつくる。白玉粉をボウルに入れ、水を少しずつ加えて手で練る。耳たぶくらいの固さになったら、直径1cmのだんごにする。
④ 鍋にたっぷりのお湯を沸かし、③のだんごを入れる。浮き上がってきたものから取り出し、氷水に取って冷まし、水けを切っておく。
⑤ 器に、②と④、缶詰の果物、アイスクリーム、マカロンを盛る。バラ（13〜15ページ）をのせ、葉を差し込む。黒蜜をかける。

アネモネぜんざい　3人分

掲載｜49ページ

✿ 材料

小豆…100g
砂糖…100g
塩…少々
餅…3個

〈あんの花〉
アネモネ（16〜17ページ）

✿ つくり方

① 小豆はさっと洗い、たっぷりの水と共に中火にかける。沸騰したらざるにあけてゆで汁を捨て、再びたっぷりの水と共に火にかける。これを3〜4回繰り返す。
② 最後に豆がしっかりかぶるくらいの水を加え、沸騰したら弱火にする。水が減ったら足しながら約1時間煮る。
③ 小豆が指でつぶれるくらい柔らかく煮えたら、ざるにあける。ゆで汁はそのまま取っておく。
④ ③の小豆を鍋に戻し、砂糖と塩を加えて10〜15分、好みで潰しながら弱火で煮る。
⑤ 取っておいたゆで汁400mℓ（足りなければ水を足す）を④に戻して、さらに20分煮る。
⑥ 餅はオーブントースター等で焼き色がつくまで焼き、お椀に入れた⑤に沈める。
⑦ 餅の上にアネモネ（16〜17ページ）をのせてでき上り。

あんの花おはぎ　8個分

掲載 | 50〜51ページ

✿ 材料

もち米…1合カップの²/₃
お米…1合カップの¹/₃
水…200㎖

〈あんの花〉
バラ（13〜15ページ）
葉（15ページ）
ライラック（34〜35ページ）
マム（40〜41ページ）

✿ つくり方

① もち米とお米は合わせて研いでざるに入れ、水を切る。分量の水に1時間浸して置いてから、炊飯器で炊く。

② 炊き上がって少し蒸らした①を、水で濡らしためん棒の先端で半分くらい潰す。

③ ②を8等分し、手で丸めて、もちをつくる。

④ ③の上にあんの花（バラ13〜15ページ、葉15ページ、ライラック34〜35ページ、マム40〜41ページ）を参照し、もちに直接絞る。バラはもちのてっぺんから絞り始め、花びらを増やすごとに側面から下に向かうように絞る。ライラックは1章と同様。マムは花の中心は絞らず、花びらからスタート。葉は下から上に絞り足していく。

プルメリアの花氷　1人分

掲載│53ページ

✿ 材料
かき氷
ミント、セルフィユなど
レモンのかき氷シロップ…適宜

〈あんの花〉
プルメリア（18〜19ページ）

✿ つくり方
① 冷やしておいた器にかき氷を盛る。
② プルメリア（18〜19ページ）、ミント、セルフィユ
　を適宜飾り、レモンのシロップをかける。

マーガレット抹茶ラテ　1人分

掲載│52ページ

✿ 材料
抹茶…小さじ2
砂糖…小さじ1
牛乳または豆乳…150㎖

〈あんの花〉
マーガレット（28〜29ページ）

✿ つくり方
① 小鍋に抹茶と砂糖を入れておき、そこに牛乳を
　少しずつ加えながら小さい泡立て器かスプーン
　でよく混ぜ合わせる。
② 混ぜながら火にかけて温める。ミルクフォーマー
　を使って泡立てる。
③ ②をカップに移し、マーガレット（28〜29ページ）
　をそっと浮かべる。

パンジーだんご　4本分

掲載｜54ページ

❀ 材料
だんご粉…90g
水…60㎖

〈あんの花〉
パンジー（30〜31ページ）
※ピンク系：ビーツ½・ストロベリー小さじ1

❀ つくり方
① ボウルにだんご粉と水を入れてゴムベラでよく混ぜる。まとまってきたら手でよくこねて、耳たぶくらいの固さに練り、12等分してそれぞれ丸めてから軽く平らにつぶす。※つぶすことで火の通りが早くなる。あんの花ものせやすい。
② 鍋にたっぷりのお湯を沸かし、①を入れる。浮き上がったら、さらに3分ゆでてから冷水にとって冷ます。
③ ②の水けをキッチンペーパーで軽く取ってから、3個ずつ竹串に刺す。
④ ③の上に、パンジー（30〜31ページ）を絞って飾る。

多肉植物モナカ小鉢　4個分

掲載｜55ページ

❀ 材料
市販の最中の皮（直径4cm）…4枚
コーヒーのスチームケーキ…¼個

〈あんの花〉
多肉植物（42〜46ページ）…4個

❀ つくり方
① コーヒーのスチームケーキ（67ページ）は、フードプロセッサーで砕いて最中の皮の中に入れる。
② 好みの多肉植物（42〜46ページ）をフラワーネイルの上に絞る。
③ ②をフラワーリフターで①の上にのせる。
※ スチームケーキの代わりに、チョコレートクランチを最中の皮に入れてもよい。
※ サボテン（45ページ）には、口金81で花（白あんクリーム60gにビーツ小さじ½を混ぜる）を絞る（ライラック・35ページ参照）。

満開サクラもち　3個分

掲載│54ページ

❀ 材料

白玉粉…15g

薄力粉…20g

砂糖…小さじ½

水…50mℓ

白あん…75g

白あんクリーム…接着用

〈あんの花〉

サクラ（22〜23ページ）

葉／B（25ページ）

❀ つくり方

① 白玉粉と砂糖をボウルに入れ、水を加えて泡立て器でダマがなくなるまでよく混ぜ合わせる。

② ①に薄力粉をふるい入れ、よく混ぜ合わせる。

③ ホットプレート又はフライパンを温める。②の生地を、大さじ1杯ずつ8cm長さの楕円にのばして、3枚それぞれ両面を焼く。

④ 白あんを25gずつ丸めて、③の焼き上がった生地の端にのせる。

⑤ 絞って冷凍したサクラ（22〜23ページ）をバランス良く重ねて④の白あんに飾る。そのとき、コルネ（65ページ）に詰めた白あんクリーム（8〜9ページ）を接着剤にするとよい。生地で軽く包む。

⑥ 外側になる葉（25ページ）は、通常の抹茶あんに少量のココアを加えて色をくすませ、桜の葉の塩漬けに近い色のあんにする。

⑦ 紙の上に絞った葉は冷凍させ、凍ったままサクラもちのてっぺんにのせる。解凍して柔らかくなってきたら、手でそっとおさえ密着させるとよい。

あんボーロ　15個分

掲載｜55ページ

プレーン

❀ 材料
白あん…75g
片栗粉…15g
卵黄…½個分（10g）

❀ つくり方
① 卵黄と白あんをボウルに入れる。泡立て器で白っぽくなるまでよく混ぜる。
② 片栗粉（右のパウダーなど）を①に加えてよく混ぜる。
③ ②の生地を絞り出し袋に入れ、オーブンペーパーの上に花の形に絞り出す。
④ ③を天板に並べ、150度のオーブンで15〜20分薄く色づくまで焼いてでき上がり。

❀ 花の形に絞るポイント
・絞りやすい固さにボーロ生地を調節する。柔らかくてダレるようなら、粉類を少し足す。固くて絞りにくければ、豆乳でゆるめる。
・花絞りの要領で花の形に絞り出す。
バラ（13〜15ページ）／サクラ（22〜23ページ）／マーガレット（28〜29ページ）／パンジー（30〜31ページ）

パープル

❀ 材料
片栗粉の代わりに紫芋パウダー小さじ2を加える。

イエロー

❀ 材料
片栗粉の代わりにかぼちゃパウダー小さじ2を変える。

ピンク

❀ 材料
プレーン生地にビーツ小さじ⅛を加える。

ブルー

❀ 材料
プレーン生地にバタフライピー小さじ⅛を加える。

花咲く生チョコ　12cm×12cmの角型1個分

掲載｜62ページ

基本の生チョコ

✿ 材料
スイートチョコレート…150g（細かく刻む）
生クリーム…80mℓ
ラム酒…小さじ1
ココア…適量

〈あんの花〉
スカビオサ
（36〜37ページ①〜⑪・
口金101で小さく絞り、ドットをつける）

✿ つくり方
① 鍋に生クリームを入れて中火にかけ、泡立て器で混ぜながら沸騰直前まで加熱する。火からおろす。
② ①に細かく刻んだスイートチョコレートを入れ、10秒ほどおいてなじませてから泡立て器で静かに混ぜ合わせる。その後、ラム酒を加えてよく混ぜる。
③ オーブンシートを敷いておいた12cm×12cmの角型に②を流し入れ、一晩冷蔵庫で冷やし固める。
④ ③を型から取り出して紙を外し、縦横5等分して計25個にカットする。
⑤ ④をココアを広げたバットの上に転がす。
⑥ 口金101で絞った小さいスカビオサ（36〜37ページ）を⑤にのせる。上面のココアを軽くハケで落とし、溶かしたチョコレート（チョコペンでもよい）で花を接着すると安定するのでおすすめ。

抹茶の生チョコ

✿ 材料
ホワイトチョコレート…150g（細かく刻む）
生クリーム…80mℓ
抹茶…小さじ1.5（3g）
ラム酒…小さじ1
まぶすための抹茶…適量

〈あんの葉〉
葉／A（25ページ・口金101で絞る）

✿ つくり方
① 鍋に生クリームを入れて上から茶こしで抹茶を振り入れる。中火にかけ、泡立て器で混ぜながら沸騰直前まで加熱する。
② 基本の生チョコと④までは同じ。
③ 抹茶を広げたバットの上に転がす。
④ 口金101で絞った葉（25ページ）を③にのせる。上面の抹茶を軽くハケで落とし、溶かしたチョコレート（チョコペンでもよい）で葉を接着すると、安定するのでおすすめ。

イチゴ畑のショートケーキ　直径15cm1台分

掲載 | 57ページ

❀ 材料

スポンジ…直径15cm
　卵…2個
　砂糖…80g
　水あめ…小さじ2（15g）
　サラダオイル…大さじ3
　豆乳…大さじ3
　米粉…80g
シロップ
　砂糖…大さじ1
　熱湯…大さじ2
あん生ホイップ
　白あん…100g
　生クリーム…200㎖
　コアントロー…大さじ1
いちご…½パック

〈あんの花〉
イチゴの花　葉／B（24〜25ページ）

❀ つくり方

① ボウルに卵を割りほぐし、砂糖と水あめを加えて湯せんにかける。割りほぐした卵が40℃くらいになるまで泡立て器で泡立てる。

② ①の湯せんを外し、さらにハンドミキサーを使って、リボン状になるまでもったりと泡立てる。

③ 米粉を②に加えて泡立て器でよく混ぜ、さらに、豆乳とサラダオイルも加えて滑らかに混ぜ合わせる。

④ オーブンシートを敷いた焼き型に流し入れる。160度のオーブンで30〜35分焼く。

⑤ ④が焼き上がったら網にとって冷まし、半分にスライスする。切り口にシロップを塗り、あん生ホイップと、スライスしたイチゴをのせる。

⑥ 側面にもあん生ホイップを塗り、パレットで模様をつける。イチゴの花と葉（24〜25ページ）、スライスした飾り用のイチゴをバランスよく飾る。

あん生ホイップの作り方

ボウルに白あん、生クリーム、コアントローを入れる。ボウルの底を氷水に当てて冷やしながら、角が立つまで泡立てる。

花てまりケーキ　1個分

掲載｜56ページ

❀ 材料

スポンジ…直径15cm
 　卵…2個
 　砂糖…80g
 　水あめ…小さじ2（15g）
 　サラダオイル…大さじ3
 　豆乳…大さじ3
 　米粉…80g
あん生ホイップ
 　白あん…35g
 　生クリーム…70ml
 　コアントロー…大さじ1/3
マジパン、シュガーパール…適量

〈あんの花〉
アジサイ（20〜21ページ・ピンク系）
ライラック（34〜35ページ）
サクラ（22〜23ページ・口金101〜104）
※花芯はシュガーパール
・カラーアレンジ
バタフライピー小さじ1/8弱と白あんクリーム

❀ つくり方

① イチゴ畑のショートケーキの①〜④を参照してスポンジを焼く。

② ①を網にのせて冷まし、2枚にスライスする。直径8cmの円1枚、直径7cmの円2枚を抜く。

③ イチゴ畑のショートケーキを参照してあん生ホイップをつくる。②のスポンジは下から直径7cm、8cm、7cmとシロップを塗り、あん生ホイップ（接着用に少し残しておく）を挟みながら3枚重ねる。

④ ③の周囲にもあん生ホイップを塗ってラップで包み、球状に成形する。冷蔵庫でクリームを落ち着かせる。

⑤ ④のラップを外し、ライラック（34〜35ページ）を4カ所に絞る。サクラ（22〜23ページ）を絞って冷凍しておき、接着用のあん生ホイップで大きいものから貼りつける。そのすき間を小さいサクラ、アジサイ（20〜21ページ）で埋めていく。花の中心にはシュガーパールを飾る。

⑥ マジパンを好みのパウダーで着色し、リボンをつくって飾る。

❀ 材料

ロール生地…27×27cm天板1枚分
　　卵…3個
　　砂糖…80g
　　米粉…35g
　　ココア…15g
　　サラダオイル…大さじ1
　　豆乳…大さじ1
あん生ホイップ
　　生クリーム…120mℓ
　　白あん…60g
　　コアントロー…大さじ1
キャラメルソース
　　砂糖…20g
　　水…小さじ1
　　生クリーム…大さじ2
ラズベリー…50g

〈あんの花〉
・カラーアレンジ
バラ（13〜15ページ）
抹茶小さじ⅛と白あんクリーム

アネモネ
（16〜17ページ・口金104で絞る）
竹炭小さじ⅛と白あんクリーム

葉／B（25ページ）
竹炭小さじ⅛と白あんクリーム

❀ つくり方

① キャラメルソースを作る。鍋に砂糖と水を入れて火に
　かけ、しょうゆ色くらいの色になるまで砂糖を焦がす。
② 沸騰寸前まで温めた生クリームを①に少しずつ加えて
　混ぜ、そのまま冷ます。粗熱が取れたら冷蔵庫に入れる。
　冷えたら生クリーム（分量外）で、ケーキに垂らすのに
　ちょうどよい硬さに調節する。
③ 卵と砂糖をボウルに入れ、泡立て器で混ぜながら湯せ
　んにかける。卵液を40℃くらいまで温めたら、湯せんか
　ら外し、冷めるまでハンドミキサーで泡立てる。リボン
　状になるまでもったりと泡立てること。
④ 米粉とココアをよく混ぜ合わせたものを③に振り入れて、
　ゴムベラでよく混ぜる。
⑤ サラダオイルと豆乳を④に加えてよく混ぜる。
⑥ オーブンシートを敷いた天板に⑤の生地を流し入れ、
　200度のオーブンで上火をきかせて10〜12分焼く。
⑦ ⑥を網に取って、網ごと大きいビニール袋に入れて冷ます。
⑧ ⑦が冷めたら紙を外して、焼き色のついている面にあ
　ん生ホイップ（76ページ）を塗り、ラズベリーを散らす。
　くるくるとロール状に巻く。
⑨ ⑧の両端を切り落とし、①のキャラメルソースを上から
　かける。ケーキと皿の上に、左のカラーアレンジで、バ
　ラ（13〜15ページ）アネモネ（16〜17ページ）葉（25ペー
　ジ）を絞る。

聖夜のリングケーキ　直径16cmリング型1個分

掲載｜61ページ

❀ 材料

チョコレートスポンジ

　　卵…1.5個

　　砂糖…60g

　　水あめ…15g

　　サラダオイル…大さじ1.5

　　豆乳…大さじ2

　　米粉…45g

　　ココア…15g

〈あんの花〉

ポインセチア（38〜39ページ）

※花芯はゴールドアラザン

・カラーアレンジ

葉／A・B（25ページ）

抹茶小さじ1と小さじ½

バタフライピー小さじ⅛弱と白あんクリーム

❀ つくり方

① リング型にサラダオイルを塗っておく。

② ココアは米粉と合わせてふるい、イチゴのショートケーキの①〜④を参照してスポンジを焼く。焼き時間は20〜25分。焼けたら型から取り出し、網の上で冷ます。

③ お皿にスポンジをのせ、周囲をポインセチア（38〜39ページ）、葉（25ページ）で適宜飾る。

福本 美樹　MIKI FUKUMOTO

MAPRILを主宰するペイストリーシェフ。洋菓子研究家・加藤千恵氏に師事。アシスタント、都内洋菓子店勤務を経て、2002年渡米。米シカゴWilton本校にて数種類のディプロマ取得。ロサンゼルスを始め、オレンジカウンティ、アトランタ、シリコンバレーなどのベーカリー、ペイストリーショップでの店舗立ち上げ、商品開発、技術指導に当たる。帰国後、2011年、スイーツ・デザイン・スタジオ「MAPRIL（メイプリル）」を設立。雑誌、CM、イベントなどのオーダーメイドスイーツを手がけている。栄養士・食品衛生管理責任者・菓子製造業営業許可認可。

白あんでつくる
あんの花が咲くお菓子

2020年 4月25日　初版第1刷発行
2021年12月20日　初版第2刷発行

著　者　　福本美樹

発行者　　廣瀬和二

発行所　　株式会社日東書院本社
　　　　　〒113-0033　東京都文京区本郷1-33-13 春日町ビル5F
　　　　　電 話 03-5931-5930（代表）
　　　　　FAX 03-6386-3087（販売部）
　　　　　URL http://www.TG-NET.co.jp
印刷所　　三共グラフィック株式会社
製本所　　株式会社セイコーバインダリー

撮影
村尾香織

デザイン
阿部智佳子

スタイリング
飯倉孝枝

調理アシスタント
彦野秀子
高江智子

企画・編集
小島みな子

進行
寺田須美

白あん提供

本書で使用している白あんは三宅製餡の商品。白いんげん豆を独自の製法で、口どけのよい上品なあんこに炊き上げたものです。つぶあん、こしあん、白あんのほかに、受注生産のバラエティあんもあります。

三宅製餡株式会社
〒544-0031大阪市生野区鶴橋3-5-35
http://www.e-anko.jp/

製菓材料提供

cotta
https://www.cotta.jp/